DU POUVOIR ROYAL

AVEC LA CHARTE,

OU

RÉPONSE

A TROIS CHAPITRES DE L'OUVRAGE

DE M. LE Vᵗᵉ DE CHATEAUBRIAND,

PAIR DE FRANCE,

Par M. le Mis. DE Saisseval.

A PARIS,

CHEZ Mᵐᵉ. GOULET, LIBRAIRE,

Au Palais Royal, Galerie de Bois.

1816.

DU POUVOIR ROYAL
AVEC LA CHARTE.

INTRODUCTION.

Parmi les nombreux ouvrages qui ont été déjà composés sur notre constitution, il n'en a point paru de plus remarquable, que le livre intitulé : *De la Monarchie selon la Charte*. L'on goûte un plaisir réel à retrouver souvent dans ces pages des principes dont on est soi-même pénétré, développés d'une manière si nette et si brillante.

Telle est, du moins, l'impression que j'ai éprouvée à cette lecture : mais je n'en ai été que plus affligé de voir l'auteur adopter, dans trois de ses chapitres, un système qui dépouillerait le Roi de la puissance exécutive, pour la transporter aux Ministres.

C'est surtout, quand une erreur, dont

les conséquences pourraient devenir graves, se trouve consignée dans un livre écrit avec un talent si distingué, qu'il devient important de la signaler, parce qu'elle pourrait être adoptée par suite de la confiance qu'auraient inspirée d'autres parties de l'ouvrage, et se trouver ainsi définitivement consacrée dans l'opinion.

Je suis tellement convaincu que la durée de nos institutions et le repos de notre patrie peuvent dépendre de l'adoption d'une saine doctrine sur le point dont il s'agit, que je n'hésite pas à combattre cette erreur, quoique je n'aie à opposer à tout l'avantage d'un style aussi entraînant, que les armes de la plus simple argumentation.

Je me propose donc de faire voir : Que cette doctrine est contraire à la lettre et à l'esprit de notre Charte constitutionnelle.

J'exposerai la doctrine qui me paraît devoir être substituée à celle de l'auteur.

Et je comparerai les résultats de l'une et de l'autre.

CHAPITRE PREMIER.

Idée générale du système énoncé dans les chapitres 3, 4, et 5 de M. de Chateaubriand.

L'IDÉE de transférer la puissance exécutive aux Ministres, a été conçue, dans l'origine, par un des premiers agresseurs du pouvoir royal en France, par *Sieyes* : c'était la base de la constitution qu'il proposait après le 18 brumaire, et dont Bonaparte ne fut pas la dupe ; mais Sieyes avait tellement senti, lui-même, combien cette idée était peu compatible avec celle d'un Roi, qu'il avait cru devoir renoncer à donner ce titre à son premier magistrat. Cependant, il laissait au *grand électeur* plus de pouvoir que n'en aurait ici le Roi ; car ce grand électeur aurait nommé à toutes les places, tandis que le Roi, d'après M. de Chateaubriand, ne nommerait que six ministres (1), et que ce seraient ceux-ci qui nommeraient à toutes les autres places : cette même idée a été reproduite depuis, par un écrivain ingénieux, dans un ouvrage publié en 1814, où il était formellement articulé : que le Roi n'était autre chose que *l'électeur du pouvoir exécutif.* Il est à regretter qu'une telle rédaction ne se soit pas présentée à l'esprit de M. de Chateaubriand pour exprimer sa pensée; il aurait sûrement été effrayé lui-même, en y trouvant l'exacte définition du résultat de ses trois chapitres.

En effet, les deux auteurs qui viennent d'être cités avaient sur l'ensemble de l'organisation sociale, des idées qui ne s'accorderaient pas avec notre constitution ; mais M. de Chateaubriand veut conserver le pouvoir royal avec la charte. Il se plaint même, dès le second chapitre, de ce que l'on ne comprend pas comment un gouvernement peut être vigoureux sans cesser d'être constitutionnel.

---

(1) M. de Chateaubriand supprime le Ministère de la Police.

Il dit au chapitre 12 : « le Roi dans cette Monarchie est plus absolu que ses ancêtres ne l'ont jamais été, plus puissant que le Sultan à Constantinople, plus maître que Louis XIV à Versailles. Il ne doit compte de sa volonté et de ses actions *qu'à Dieu* ».

Et, malgré ces brillantes déclarations en faveur du pouvoir du Roi, M. de Chateaubriand réduirait aussi le Roi, à n'être plus que l'Electeur du pouvoir exécutif : *le compte de sa volonté*, qu'il l'autorise à ne rendre qu'à Dieu, ne serait pas, dans son système, fort intéressant pour les hommes, puisque cette volonté aurait si peu d'influence sur les actes du Gouvernement.

CHAPITRE II.

Analyse des trois chapitres.

L'auteur dit dans son chapitre 3, intitulé : *Elémens de la monarchie représentative* :

(8)

« Le gouvernement établi par la Charte
» se compose de quatre élémens : de la
» royauté ou de la prérogative royale, de
» la Chambre des Pairs, de la Chambre
» des Députés, du Ministère. »

Ce n'est vraisemblablement pas sans
intention, que l'auteur emploie ici les mots
Royauté et *prérogative royale* qui pré-
sentent des idées complexes, à la place des
idées simples que fait naître le mot de *Roi*.
Il substitue ainsi à *une personne* qui est
indivisible, une *chose* qui est susceptible
d'être partagée, afin de pouvoir donner
une part de la *Royauté* aux Ministres; mais
le ministère, admis par l'auteur comme
quatrième élément, est évidemment
une superfétation. Notre Charte n'a établi
que trois élémens, le *Roi* et *les deux
Chambres*. *Les Ministres* ne sont point
un élément du gouvernement représenta-
tif; ils sont la première émanation d'un de
ses élémens. Ils ne sont pas *un pouvoir;*
ils sont les principaux instrumens du pouvoir exécutif, qui réside dans le Roi.

Et l'on voit déjà que toutes les attributions de ce quatrième pouvoir, étant nécessairement prises sur celles du Roi, tournent au détriment de son pouvoir.

L'auteur dit dans le chapitre 4 :

« La doctrine sur la prérogative royale
» constitutionnelle, est : que rien ne pro-
» cède directement du Roi dans les actes
» du gouvernement; que *tout* est l'œuvre
» du ministère, même la chose qui se fait
» au nom du Roi et avec sa signature,
» *projets de loi, ordonnances, choix*
» *des hommes.* »

M. de Chateaubriand, dans son chapitre 5, laisse au Roi personnellement *la sanction des lois.*

Et cependant, s'il était vrai que les Ministres constituassent, comme il l'entend, *le pouvoir exécutif,* il faudrait bien que ce fussent eux aussi qui décidassent de la sanction des lois. Car, comment concevoir que ce serait une volonté (celle des Ministres) qui ferait exécuter les lois, et une volonté différente (celle du Roi) qui pourrait rejeter telle loi *favorable,* et admettre telle autre *nuisible,* à l'exécution des lois déjà existantes ?

Il est manifeste que les deux facultés doivent, par leur nature, être réunies dans les mêmes mains ; et c'est dans celles du *Roi* qu'elles doivent être, qu'elles sont en effet réunies.

L'auteur ajoute :

« Le Roi dans la monarchie représen-
» tative, est une divinité que rien ne peut
» atteindre : inviolable et sacrée. »

Il n'aurait peut-être pas été inutile d'expliquer un peu pourquoi cela est ainsi établi ; de faire comprendre à ceux qui ne cessent de répéter, *que les Rois ont été créés pour les peuples, et non pas les peuples pour les Rois*, qu'en effet, ce n'est pas pour la jouissance de celui qui porte la couronne que la prérogative royale a été instituée, mais pour l'avantage de la nation elle-même ; qu'il est dans l'intérêt de tous, que les lois soient exécutées ; qu'elles le seraient évidemment fort mal, si celui qui est investi de la puissance exécutive, pouvait être troublé par l'idée d'un danger personnel ; que par conséquent il importe à tous, que le chef de la Monar-

chie ne puisse être personnellement recher-
ché dans aucun cas ; et que c'est par ce
motif, qui est dans l'intérêt de tous, que
l'inviolabilité du Roi a été consacrée dans
les Monarchies constitutionnelles.

L'auteur n'aurait pas dû, surtout ajouter,
comme un *fait* :

« Elle est encore infaillible. »

Cette infaillibilité du Roi n'est pas *un
fait*; elle est, comme le dit bien plus juste-
ment de Lolme, *une fiction de la loi*;
mais la nécessité de cette fiction est évidente,
quand une fois celle de l'inviolabilité est
reconnue.

« S'il y a erreur, dit M. de Chateau-
» briand, elle est du ministre et non du
» Roi. Ainsi, l'on peut tout examiner sans
» blesser la Majesté Royale ; car tout dé-
» coule du Ministère responsable. »

Cette supposition, que tout découle du
Ministère responsable, quand elle est admise comme suite de la *fiction convenue*,
a précisément pour objet d'autoriser l'examen, que M. de Chateaubriand veut avec
raison que l'on ait la faculté de faire, des

actes qui émanent du pouvoir exécutif.

Mais si, au lieu d'admettre comme *fiction*, l'on admet avec l'auteur comme un *fait, que tout découle du Ministère*, le Roi personnellement n'a plus de pouvoir.

Et en effet, l'auteur passant aux conséquences de son système, dit dans le chapitre 5 :

« Le Roi étant environné de Ministres » responsables, tandis qu'il s'élève au-des- » sus de toute responsabilité, il est évident » qu'il doit les laisser agir d'après eux- » mêmes, puisqu'on s'en prendra à eux » seuls de l'évènement. Si les Ministres » n'étaient que les exécuteurs de la volonté » royale, il y aurait *injustice* à les pour- » suivre pour des desseins qui ne seraient » pas les leurs ».

S'il est *évident* que le Roi doit laisser agir les Ministres d'après eux-mêmes, il est *évident* que tout le pouvoir est entre les mains des Ministres.

« Que fait le Roi dans son conseil ? » il juge, mais il ne force pas le Ministre ».

Le Prince le plus capable, le plus habile

en affaires de gouvernement, serait donc, par le fait même de ce qu'il serait *Roi*, exclus de toute participation au gouvernement. Il n'aurait pas dans son conseil, même la faculté de l'initiative. Il serait réduit uniquement *à juger* les plans, qu'il plairait à ses Ministres de lui présenter. Et encore, le jugement qu'il porterait sur ces plans, souvent inférieurs à ceux qu'il aurait conçus, quelquefois absolument contraires à ses vues, ce jugement ne serait d'aucune efficacité , car l'auteur s'empresse d'ajouter :

« Si le Ministre argumente de sa responsa-
» bilité, le Roi n'insiste plus : le Ministre
» agit, fait une faute, *tombe ; et le Roi*
» *change son Ministère.* »

Ainsi, par une conséquence directe de ce système , le Roi le plus sage, prévoyant d'avance tous les inconvéniens d'une mesure qui seroit proposée dans son conseil, après y avoir opposé les raisons les plus fortes, serait réduit à laisser le Ministre marcher en avant, et faire une faute assez grave *pour tomber !*

Et ce serait seulement alors que le Roi *changerait son Ministre!*

Mais est-il bien sûr que, la faute étant faite, le résultat s'en trouvât toujours réparé par le *renvoi du Ministre?*

En définitif : si le Roi, qui n'aurait que la faculté de choisir les Ministres, ne pouvait, après les avoir choisis, que leur faire des objections sans efficacité, ce ne serait plus alors les Ministres qui contresigneraient les ordres du Roi, mais le Roi qui contresignerait les leurs : le Roi ne serait plus, à proprement parler, que *le secrétaire d'Etat* du conseil gouvernant.

Et, s'il était vrai que notre Charte réduisît le Roi à cette position, chacun pourrait bien alors, suivant ses opinions et ses affections, choisir entre le pouvoir Royal et la Charte; mais il faudrait nécessairement choisir; car ce serait s'abuser, que de prétendre les conserver l'un et l'autre.

Alors, ceux qui n'admettent aucune modification quelconque au pouvoir royal, trouveraient dans les conséquences évidentes

de cette doctrine, un motif pour s'affermir dans l'opinion : que la Charte est inad-
missible.

Ceux qui ne conçoivent la liberté que
dans le plus grand abaissement du pouvoir
royal, s'empresseraient d'adopter la doctrine
précisément à cause de ses conséquences.

Et ceux qui voudraient la conservation du
pouvoir royal avec la Charte, seraient fort
embarrassés ; mais ils se verraient bientôt
dans la nécessité de consentir à un sacrifice ;
et ils ne s'apercevraient peut - être pas,
qu'en faisant fléchir le pouvoir royal devant
la Charte, ils les immoleraient dans le fait
l'un et l'autre : ils réduiraient, comme l'a
fait ici M. de Chateaubriand, le Roi, auquel
la constitution défère le pouvoir exécutif,
à n'être plus, dans le fait, que l'Electeur de
ceux qui exerceraient le pouvoir.

CHAPITRE III.

L'exemple de l'Angleterre ne serait ici d'aucune influence.

Les partisans de ce système prétendent s'appuyer sur l'exemple de l'Angleterre.

Mais d'abord le Roi d'Angleterre a constitutionnellement plus de pouvoir qu'on ne le croit en France. Aucun des auteurs qui ont traité du gouvernement Anglais, n'a vu dans le Ministère un *pouvoir*. De Lolme ne parle jamais des Ministres, que sous le rapport de la responsabilité à laquelle ils sont soumis.

Je serais donc disposé à croire que ce qui s'est pratiqué dans ces derniers temps en Angleterre, et qui a tenu à des circonstances particulières, a pu faire illusion à cet égard.

D'ailleurs, personne n'ignore que George III lui-même a souvent persévéré dans ses résolutions contre l'avis de son conseil, et qu'il n'a pas toujours cru nécessaire de changer le Ministère pour faire exécuter ces résolutions; qu'il ne s'est point abstenu d'admettre quelquefois à son conseil des princes de sa famille, des hommes qu'il supposait particulièrement instruits de la matière qui devait y être traitée; et qu'il y a toujours appelé, dans les occasions importantes, beaucoup de membres de son conseil privé, qui est extrêmement nombreux.

Enfin, je n'attache aucun prix à éclaircir ces divers points; car, lorsque nous sommes revenus à une forme de gouvernement, dont M. de Chateaubriand réclame, avec assez de fondement, la priorité pour la France, comme se rapprochant de notre Monarchie primitive, nous avons pu adopter des modifications dont l'expérience avait déjà fait reconnaître l'avantage en Angleterre; mais nous n'avons pas entendu, pour cela, nous assujettir à tout son système de gouvernement. M. de Chateaubriand, lui-même, pense (et il dit dans son chapitre 6) que la prérogative royale doit être plus forte en France qu'en Angleterre.

Ainsi, quand il serait vrai qu'une pareille restriction du pouvoir royal aurait été admise chez cette nation, il n'en résulterait nullement que nous dussions aussi l'admettre.

CHAPITRE IV.

Cette doctrine n'est pas fondée sur une opinion établie en France.

Lorsque le Roi exerçait tous les pouvoirs, il n'était pas tenu de rendre compte du motif de ses résolutions ; si celles-ci paraissaient alarmantes, l'on aimait à supposer que ce n'était pas de son propre mouvement qu'il les avait adoptées ; mais on craignait toujours que son indulgence ne le portât à ménager le Ministre qui en avait été l'auteur.

La nation avait besoin d'un changement à cet égard : elle a été rassurée, quand la

Charte a prononcé la responsabilité des Ministres.

Mais, si la conséquence de cette responsabilité était de transporter le gouvernement aux Ministres, le vœu de la nation aurait été trompé ; car les Français aiment la monarchie, et ils ont un grand éloignement pour toute aristocratie, particulièrement pour l'aristocratie ministérielle. Les Français n'ont pas cru, ils n'ont pas entendu, que la responsabilité des Ministres conduisît à dépouiller le Roi de son pouvoir en faveur des Ministres. En 1814, l'organisation du Conseil y laissait au Roi la plénitude de son action ; les Princes, les ministres d'État y étaient admis : et personne n'avait imaginé, alors, de trouver que cette organisation fût inconstitutionnelle.

Ce n'est qu'à l'époque du second Ministère, que ceux qui le composaient (moins peut-être pour satisfaire leur ambition commune, que pour soustraire l'un d'eux à la position pénible où il se serait trouvé dans le conseil, en présence de tant de Princes de la famille de Louis XVI), employèrent le prétexte de leur responsabilité, pour en écarter les Princes et les Ministres d'état, et pour engager en même temps le Roi lui-même à se réduire à la position, où le fixerait aujourd'hui M. de Chateaubriand.

Les Ministres qui leur ont succédé, ont trouvé cette combinaison fort à leur convenance; et le Roi a continué de l'admettre.

Mais la première organisation du conseil ayant eu lieu sous l'empire de la Charte, et au moment même de son établissement; et la seconde n'ayant été l'effet d'aucune réclamation, l'on ne pourrait assurément pas en inférer que la doctrine de M. de Chateaubriand fût fondée sur une opinion établie en France.

CHAPITRE V.

Cette doctrine est contraire au texte de la Charte.

———

Tant que l'abandon du pouvoir exécutif aux Ministres, a pu être considéré simplement comme un fait résultant de la volonté du Roi, il n'y avait pas de motif pour élever aucune discussion à cet égard ; car l'on était fondé à supposer que le Roi pourrait, le jour où il le voudrait, réduire son Ministère aux conditions de celui de 1814.

Mais il serait dangereux de laisser ériger ce fait en doctrine; cette doctrine une fois établie, si le Roi, ou quelqu'un de ses successeurs, voulait un jour rentrer dans l'exercice personnel de son pouvoir, ce serait une espèce de révolution; cette entreprise semblerait presque une usurpation. Et cependant, il ne ferait que reprendre alors ce qui lui appartient incontestablement en vertu de la Charte.

Notre Charte attribue le pouvoir exécutif au Roi *seul ;* et il n'y a pas moyen de prétendre que l'exclusion qui résulte ici du mot *seul*, ne s'applique pas spécialement aux Ministres.

Si la disposition se trouvait dans un autre endroit de la Charte, l'on pourrait supposer que l'exclusion serait relative *aux deux Chambres*, lesquelles n'ont point, en effet, de part dans le pouvoir exécutif.

Mais l'article n'admet pas cette interprétation ; il n'y est question que *du Roi* et *des Ministres.*

Voici l'article 13 tout entier :

La personne du Roi est inviolable et sacrée.

Ses Ministres sont responsables.

Au Roi seul appartient la puissance exécutive.

Il est impossible de ne pas *voir* que cet article défère la puissance exécutive au Roi, à l'exclusion des Ministres.

La translation de ce pouvoir *aux Mi-nistres* serait donc contraire au texte de la Charte.

CHAPITRE VI.

Elle est contraire à l'esprit de la Charte.

Rien ne peut être plus positif, sur la question, que l'article qu'on vient de lire.

Mais ceux qui ne veulent pas que cela soit ainsi, ne se tiendront pas pour battus; et les mêmes qui se saisiraient avec le plus d'ardeur d'un pareil texte, s'il se trouvait en leur faveur, diront sans doute que la Charte a pu être mal rédigée sur ce point, mais qu'évidemment l'esprit de cette Charte a été d'attribuer l'exercice du pouvoir exécutif aux Ministres.

Voyons donc si l'esprit de nôtre Charte n'est pas aussi contraire que son texte, à la doctrine que je combats.

L'intention d'une Charte constitutionnelle est, sans doute, de présenter l'idée de la fixité dans la marche du gouvernement qu'elle établit.

Or, quelque courte que soit la durée de la vie d'un homme, elle est ordinairement plus longue que celle d'un Ministère.

Si le pouvoir exécutif est entre les mains du Roi, on sera fondé à supposer que la marche du Gouvernement sera constante pendant la durée d'un règne. L'on pourra même espérer que des Princes d'une même famille attacheront de la gloire à gouverner sur les principes qui auront mérité à leurs prédécesseurs l'amour de leurs peuples.

Mais, si le pouvoir exécutif est entre les mains des Ministres; si les époques de notre histoire, au lieu de continuer d'être marquées par la chronologie de nos Rois, ne sont plus désormais que les fastes des différens Ministères qui se succéderaient dans notre Gouvernement, les nouveaux Ministres mettront toujours leur amour-propre à faire autrement que leurs devanciers.

Et il faut remarquer même, que les changemens de Ministères (déjà si fréquens sous tous les régimes) le deviendraient nécessairement encore plus, quand ces changemens dépendraient d'un Roi qui n'aurait exactement plus autre chose à faire, et dont tout le pouvoir se réduirait à nommer des Ministres.

L'intention de notre Charte devait donc être, sous ce rapport, et a été en effet, de déférer la puissance exécutive à notre Roi *héréditaire*, et non pas à des Ministres, qui pourraient changer tous les mois.

Une Charte constitutionnelle doit surtout renfermer en elle le principe de sa conservation, l'espoir de sa durée. Et l'on ne peut évidemment obtenir cette durée, que par l'effet de l'harmonie qui existera entre les différens pouvoirs.

Dans un gouvernement comme le nôtre, formé du mélange de la monarchie, de l'aristocratie et de la démocratie, l'harmonie ne peut résulter que d'une combinaison telle, que chacun de ces trois pouvoirs soit content de ses attributions.

Et certes, *un Roi de France* ne serait pas content des siennes, s'il était quelque genre de gloire qui lui fût interdit.

C'est un grand avantage, sans doute, dans une pareille constitution, que Charles VI en France, ou George III en Angleterre, n'arrêtent pas la marche des affaires; que leur malheur individuel n'interrompe pas l'ordre de succession dans leurs familles.

Mais notre Charte ne serait pas vraiment française, si un Henri IV ou un Louis XIV ne pouvait pas régner avec elle. De tels monarques peuvent reconnaître les droits des peuples et les consacrer dans une Charte; de tels monarques peuvent donner une grande existence à leurs Ministres : mais ils ne se dépouillent pas de leur pouvoir en faveur de ces Ministres. Louis XIV était sensible aux succès militaires, mais il attachait surtout de la gloire à gouverner dans l'intérieur : il en était capable; et les Mémoires qu'il nous a laissés, attestent qu'il avait la conscience de cette capacité. Or, on ne peut pas penser que Louis XIV (qui suivant M. de Chateaubriand aurait eu moins de pouvoir que notre Roi constitutionnel) se fût contenté d'avoir la faculté de faire quelques objections à ses Ministres, dans son conseil. On ne peut pas supposer, surtout, que, dans le cas où les Ministres de ce Monarque lui auraient proposé des projets dont il aurait prévu des conséquences funestes, il se fût soumis à les laisser aller dans leur sens, à les voir tranquillement *tomber* par l'exécution de ces mêmes projets, en se réservant simplement de les renvoyer après.

Non, sans doute ; Louis XIV n'aurait pas accepté de pareilles entraves. Si ses successeurs pouvaient croire qu'on eût prétendu réellement les leur imposer, ne serait-il pas à prévoir qu'ils voudraient un jour les briser ? et à quels troubles intérieurs la France ne se verrait - elle pas exposée ? Ne serait-il pas à prévoir, du moins, que ces Princes, voyant que leur ambition de gloire n'aurait plus de refuge que dans les conquêtes, chercheraient à entraîner la nation dans des guerres étrangères? Or dans l'un ou l'autre cas, le repos de la France et le maintien de la Charte seraient mal assurés.

Et, comme il est impossible que de tels dangers n'aient pas été aperçus, l'intention de la Charte n'a pas pu être, et n'a pas été en effet, de dépouiller le Roi de son pouvoir.

La translation de ce pouvoir aux Ministres serait donc aussi contraire à l'esprit de la Charte, qu'elle le serait à son texte.

CHAPITRE VII.

Qui fortifie tout ce qui précède.

J'AI déjà fait remarquer, dans l'analyse des trois Chapitres, que l'infaillibilité du Roi n'était pas un fait réel, que c'était une *fiction* convenue et admise par la constitution. Mais cette observation a été alors fugitive, et a pu laisser croire qu'elle avait peu d'importance, puisque dans l'une ou l'autre opinion, le résultat paraissait le même; que, dans l'une comme dans l'autre, le Roi restait inattaquable.

J'y reviens donc maintenant, et je ne crains pas d'avancer que c'est à ce point surtout que tient le mérite essentiel d'une Monarchie constitutionnelle : à ce que l'infaillibilité du Roi soit considérée comme une fiction convenue, et non pas comme un fait réel.

Ceux qui adoptent le système de M. de Chateaubriand, devraient être bien étonnés de ce que les Anglais vantaient de préférence à toute autre chose, dans leur constitution, ce qu'ils appellent *la fiction admirable de la loi*, l'infaillibilité du Roi.

En effet, si l'admission de cette infaillibilité avait pour base un fait réel; si les actes du gouvernement émanaient uniquement des Ministres, il n'y aurait plus ici de fiction admirable, ou plutôt il n'y aurait plus de fiction ; il n'y aurait que la reconnaissance d'un principe de justice vulgaire; *le Roi, ne faisant rien, ne répond de rien.* Mais alors aussi nous n'aurions plus de Monarchie; nous aurions l'aristocratie de six Ministres ; et c'est une monarchie constitutionnelle que nous voulons.

En quoi donc l'infaillibilité du Roi, admise comme fiction, est-elle réellement admirable? c'est précisément, parce que le système de M. de Chateaubriand n'en découle pas; c'est, parce qu'il n'en résulte pas que les Ministres n'exécuteraient que leurs propres desseins; c'est enfin, parce que cette fiction est le seul moyen de conserver la monarchie dans le gouvernement constitutionnel.

Pour obtenir ce résultat précieux , il faut qu'une nation, trop raisonnable pour supposer qu'un homme puisse être infaillible, soit assez raisonnable pour consentir à le considérer toujours comme tel.

Et l'on en sera bientôt convaincu, si l'on examine comment on a été conduit à reconnaître l'utilité de cette fiction.

L'on avait senti, par les motifs qui ont été précédemment développés, qu'il fallait que la nation eût une garantie dans la responsabilité des Ministres; mais l'on voyait en même temps, que s'il venait à être permis désormais d'entrer dans l'examen de la manière dont se seraient formées les résolutions du Conseil royal, l'on perdrait alors cette unité d'action, cette promptitude d'exécution, enfin tous les avantages qui sont propres à la monarchie; et, pour concilier ce qu'il s'agissait d'obtenir avec ce qu'on devait conserver, on est arrivé à cette conséquence :

L'on ne pénétrera pas dans les délibérations du conseil du Roi; l'on ne recherchera pas si c'est sa volonté personnelle, ou l'avis de ses Ministres, qui a déterminé les actes du Gouvernement; il est convenu que ce que l'on aimait jusqu'à présent à présumer, on le regardera désormais comme positif; s'il y a une faute, on supposera toujours qu'elle a été inspirée par les Ministres; il ne sera pas question d'examiner si le Roi a voulu ou n'a pas voulu : *le Roi* sera toujours considéré comme *infaillible ;* le mal sera toujours supposé provenant des Ministres, et ils en seront responsables.

On voit que le résultat d'une pareille fiction est en effet admirable, puisque la nation conserve ainsi tous les avantages de l'unité du pouvoir royal, et acquiert en même temps ceux qui résultent de la faculté de discuter les actes émanés de ce pouvoir.

M. de Chateaubriand n'aurait pas besoin de l'infaillibilité du Roi, dans un système où il prétend établir que les Ministres doivent tout faire, même contre l'avis du Roi. Il déclare le Roi une divinité, et il le constitue, dans le fait, une vaine idole.

Il semble que ce serait seulement par un sentiment de convenance respectueuse, qu'il admettrait cette infaillibilité.

L'auteur veut pourtant la conserver, et il prend le véritable moyen de la compromettre (si, toutefois, dans son système, elle avait encore quelque application), lorsqu'il dit, dans son Chapitre 5, comme une chose positive :

Si le Ministre obtempère à l'avis du Roi, il est sûr de faire une chose excellente, et qui aura l'assentiment général.

L'auteur s'est laissé entraîner, sans doute, par les idées que fait naître la sagesse du

Prince qui nous gouverne ; mais quand la supposition s'applique, comme ici, à un Roi quelconque, elle devient, par son exagération, trop évidemment destructive du système de l'infaillibilité.

Si, au contraire, tout en admettant qu'un Roi n'est pas exempt des erreurs humaines, l'on a reconnu qu'il était dans l'intérêt public de le considérer comme un être supérieur aux autres hommes, de le placer dans un sanctuaire inaccessible, de supposer toujours que ses propres erreurs ne viendraient pas de lui, alors le système de l'infaillibilité devient inattaquable.

Alors, cette fiction aura tant de force, qu'elle ne pourra être ébranlée ni par les Ministres, ni par les Chambres.

Ce sera, alors, une chose inconsidérée de la part d'un membre de l'une ou l'autre chambre, que d'y prononcer le nom du Roi en faveur de son opinion.

Il sera, alors, tout à la fois inconvenant et inconstitutionnel aux Ministres, de prétendre s'étayer du nom du Roi, pour justifier les mesures adoptées dans le Conseil, dont on leur ferait des reproches.

Ce sera, surtout, une chose absolument vaine de leur part; ils prétendraient bien inutilement faire perdre ainsi à la nation la garantie qu'elle a obtenue par la constitution; car on leur répondrait : c'est principalement pour ce cas, qui a été prévu, que l'on a établi la fiction de l'infaillibilité du Roi, d'où résulte la responsabilité des Ministres : ainsi, quand les Chambres croiraient, quand elles sauraient même, que le Roi aurait personnellement voulu, cela ne libérerait point les Ministres de leur responsabilité (*).

____

(*) La dissolution de la Chambre est le seul acte dont les Ministres ne paroissent ne devoir pas être responsables. Cet acte émane essentiellement de la volonté personnelle du Roi. Il ne doit point énoncer de motifs. Un Ministre ne le contresigne qu'en qualité de Secrétaire-d'Etat, pour certifier l'existence de la signature du Roi sur l'original.

Je ne dis rien de la sanction des lois (dont les Ministres ne sont pas, non plus, responsables) : il est évident qu'ils ne seront jamais recherchés pour la sanction donnée à une loi adoptée par les deux Chambres ; et il n'existe jamais d'acte formel *du refus*.

CHAPITRE VIII.

Quelle doit donc être la condition des Ministres ?

Sɪ l'on est fondé à dire que les peuples n'ont pas été créés pour les Rois, on pourait sans doute bien moins prétendre que les peuples et les Rois auraient été créés pour les Ministres : ceux-ci ont été institués bien évidemment pour le service du Roi et de la nation.

Les attributions des Ministres doivent donc être réglées de la manière la plus conforme à l'intérêt public ; et, quelques conditions qu'il soit dans l'intérêt public de leur imposer, les Ministres n'auront jamais à s'en plaindre , quand ces conditions leur auront été connues d'avance, et quand ils les auront volontairement acceptées.

Oublions donc un moment, s'il est pos-

3.

sible, que le Roi qui nous gouverne a obtenu tant d'amour de tous ses sujets, que l'on ose reprocher à quelques-uns d'entre eux de l'aimer avec trop d'excès, et que ceux qui leur font ce reproche, ont de leur côté la prétention de le *mieux* aimer; oublions que ce Prince inspire une telle confiance, que son pouvoir, quel qu'il fût, ne pourrait jamais donner d'ombrage; oublions, en un mot, tout sentiment personnel à Louis XVIII.

Admettons encore que la Charte n'aurait rien fixé sous ce rapport.

Et supposons qu'il s'agirait de déterminer aujourd'hui l'étendue du pouvoir royal et les attributions des Ministres.

Eh bien, il résulterait encore des observations qui précèdent, qu'il serait dans l'intérêt public d'établir, que le Roi conserverait son pouvoir, et que néanmoins les Ministres seraient responsables des actes du Gouvernement.

C'est un risque de situation, inhérent à la place de Ministre dans le Gouvernement constitutionnel, que le Roi ait le mérite de tout, et que le blâme ou les reproches ne puissent jamais atteindre que ceux qui sont censés avoir surpris sa religion, ou mal exécuté ses ordres.

Telle doit être la condition des Ministres.

CHAPITRE IX.

Cette condition ne sera pas si dure.

Lorsque les Ministres ont voulu faire passer dans leurs mains le pouvoir exécutif, ils ont eu besoin de persuader que, sans cela, ils seraient toujours sous un danger imminent; et les clameurs des premières assemblées de la révolution contre les Ministres d'alors, ont merveilleusement servi ceux de notre époque, pour établir cette opinion dans beaucoup d'esprits.

Mais examinons de bonne foi les effets réels de la responsabilité dans un Gouvernement constitutionnel régularisé.

D'abord, il est permis de présumer que,

ıême dans le régime constitutionnel ,
ce sera plus souvent pour être contre-
venus aux intentions du Roi, qu'en s'y
étant conformés, que les Ministres seront
exposés à des reproches.

D'ailleurs, comme en général les actes
du Gouvernement auront eu pour base les
lois existantes , plus ou moins bien inter-
prétées dans le conseil, l'effet de la responsabilité se bornera le plus souvent à donner
de simples explications sur ces actes.

Si quelque chose avait été fait, qui n'eût
pas été autorisé par la loi, mais qui eût été
déterminé par des motifs d'intérêt public,
les Ministres obtiendraient aisément des
chambres, un *acte d'indemnité*.

Ce ne serait donc réellement que, dans
le cas où ce qui aurait été fait serait absolument contraire aux lois, et n'aurait aucune
excuse, que la responsabilité pourrait avoir
des conséquences graves.

La condition des Ministres ne sera donc
pas si dure.

CHAPITRE X.

Cela n'empêchera pas de trouver des Ministres.

Les réflexions qui viennent d'être présentées, doivent rassurer même ceux qui partageraient la sollicitude que paraît avoir inspirée à l'auteur, la position fâcheuse où se trouveraient des Ministres, s'ils étaient exposés à la nécessité de se conformer aux intentions de leur Roi.

J'admettrai cependant encore qu'il serait injuste de soumettre les Ministres à cette condition, dans un pays où l'usage serait de *presser* les citoyens pour les faire *Ministres*, comme on les *presse* en Angleterre pour les faire *matelots*.

Mais, dans un pays où il est permis de refuser d'être Ministre, celui qui trouverait la condition fâcheuse, ne consentirait pas à l'être à ce prix.

Au surplus, quoique l'on ait parlé souvent

es sacrifices que *tel* ou *tel* avait faits en consentant à être Ministre, je suis persuadé que cela arrive rarement; et jusqu'à ce qu'on m'ait fait voir *le Ministre malgré lui* (que je n'ai pas encore vu), je conserverai l'espoir que l'on pourra trouver encore long-temps en France, des hommes disposés à donner à leur Roi et à leur Patrie la preuve de dévouement d'accepter le Ministère, même avec la condition dont il s'agit, qui me semble résulter de notre Charte constitutionnelle.

CHAPITRE XI.

Cela n'empêchera pas d'avoir de bons Ministres.

C'EST au contraire avec une pareille condition, que l'on peut espérer d'avoir de bons Ministres.

Des Ministres faibles croiront avoir besoin d'être propriétaires du pouvoir exécutif; et ce ne sera pas, soyons-en sûrs, dans la crainte d'avoir à répondre de desseins qui ne seraient pas les leurs, mais plutôt pour avoir la certitude de n'exécuter que *les leurs*. Et à quoi tendront ces desseins ? je crois que ce ne sera pas à trahir, comme on les en accusera, peut-être ; mais ils voudront se maintenir en place ; et, pour atteindre ce but, ils devront de préférence adopter les mesures les plus populaires, celles qui, bonnes ou non, flatteront la multitude, dans le moment. La constitution pourra en souffrir ; les principes de Monarchie constitutionnelle pourront être ébranlés ; mais les Ministres se conserveront un peu plus long-temps.

Des hommes supérieurs, appelés au Ministère sous un régime constitutionnel, auront un plus noble but. Ils feront consister leur gloire à maintenir le juste équilibre établi par la constitution entre les différens pouvoirs. Ils croiront devoir surtout au Roi qui les aura choisis, de conserver intact le pouvoir qui lui appartient.

Ils n'auront pas besoin d'usurper légalement, à leur profit, une partie de ce pouvoir, dans la crainte d'avoir à exécuter des desseins *qui ne seraient pas les leurs :* car ils seront sûrs de mériter la confiance du Roi, et d'obtenir une telle influence dans son conseil, que ce seront presque toujours leurs propres desseins qui seront adoptés. Mais cette influence de fait ne portera aucune atteinte au principe, qui place le pouvoir exécutif entre les mains du Roi.

Dans quelque siècle, et sous quelque régime que ce soit, un Sulli, ou un Richelieu aura toujours une influence proportionnée à son génie et à sa capacité.

CHAPITRE XII.

Parallèle des deux doctrines.

Ce qui précède suffirait peut-être pour faire apercevoir la différence qui existe entre la doctrine professée par l'auteur, et celle que je présente comme étant plus conforme à notre Charte ; mais ceux qui auront peine à se persuader que M. de Chateaubriand ait porté une atteinte quelconque au pouvoir royal, pourraient croire encore que ceci n'est qu'une dispute de mots ; qu'il est indifférent d'attribuer, dans sa pensée, plus ou moins d'influence au Roi ou aux Ministres sur les délibérations du conseil, puisque les actes du gouvernement seront toujours, par le fait, le résultat de l'opinion du Roi et de celle des Ministres.

Je suis aussi persuadé que personne, que l'intention de M. de Chateaubriand n'a pas été de détruire le pouvoir royal ; j'ai indiqué le Chapitre 12 comme celui où il entrait dans le détail des prérogatives royales, qui ne peuvent donner lieu à aucune controverse.

Mais, comme ces prérogatives, quoiqu'elles aient aussi de la réalité, n'empêcheraient pas que le système des trois Chapitres ne dépouillât le Roi de la partie la plus essentielle de son pouvoir, je crois devoir faire observer que la différence des deux doctrines consiste, en ce que, suivant celle de l'auteur, le Roi perdrait son action personnelle dans les actes du gouvernement; et que, suivant l'autre, il conserverait cette action toute entière.

Et j'ai supposé que l'on saisirait plus aisément encore la réalité de cette différence, par le parallèle qui suit :

SUIVANT M. DE CHATEAUBRIAND (Chap. 3),

Élémens de la Monarchie représentative.

LE Gouvernement établi par la Charte se compose de quatre élémens : de la Royauté ou de la prérogative Royale, de la Chambre des Pairs, de la Chambre des Députés, du Ministère. Cette machine, moins compliquée que l'organisation de l'ancienne monarchie avant Louis XIV, est cependant plus délicate, et doit être touchée avec plus d'adresse : la violence la briseroit; l'inhabileté en arrêteroit le mouvement.

Voyons ce qui manque, et quels embarras se sont rencontrés jusqu'ici dans la nouvelle monarchie.

DANS L'AUTRE SYSTÈME.

Élémens de notre Monarchie constitutionnelle.

Lᴇ Gouvernement établi par la Charte se compose de trois élémens : = La royauté, la Chambre des Pairs, et celle des Députés.

La loi est d'abord discutée dans l'une des deux Chambres. — Elle se perfectionne dans l'autre. = Elle ne devient complète, que par la sanction royale.

Le Roi énonce par le fait de cette sanction : Que la loi à laquelle il la donne, est désormais du nombre de celles qu'il se propose de faire exécuter.

Le roi ne refuse sa sanction à une loi, que lorsqu'elle lui présente quelque chose de contraire à l'intérêt public. Mais il ne doit l'explication de ses motifs à personne.

Ainsi rien ne manque ; et il n'y a nul embarras.

SUIVANT M. DE CHATEAUBRIAND (Chap. 4),

De la Prérogative royale (1). *Principe fondamental.*

LA doctrine sur la prérogative royale constitutionnelle est : que rien ne procède directement du Roi dans les actes du gouvernement: que tout est l'œuvre du Ministère, même la chose qui se fait au nom du Roi et avec sa signature, projets de lois, ordonnances, choix des hommes.

LE Roi, dans la monarchie représentative, est une divinité que rien ne peut atteindre; inviolable et sacrée, elle est encore infaillible; car s'il y a erreur, cette erreur est du Ministre et non du Roi. Ainsi, on peut tout examiner sans blesser la majesté royale, car tout découle d'un Ministère responsable.

---

(1) C'est dans le chap. 12, que M. de Chateaubriand traite de la prérogative royale.

Il est question dans celui-ci, seulement de l'inviolabilité, qui n'est qu'un des attributs de cette prérogative.

DANS L'AUTRE SYSTÈME.

De l'infaillibilité.

———

Le Roi, dans la monarchie constitutionnelle, est inviolable et sacré.

L'inviolabilité est établie dans l'intérêt de la nation même.

Par une conséquence immédiate de cette inviolabilité, la fiction de la loi veut que le Roi soit considéré comme *infaillible*.

Mais comme il faut que la nation ait une garantie contre la non-exécution ou la mauvaise exécution des lois, surtout contre des actes qui seraient contraires aux lois, les Ministres sont responsables.

L'on se soumet à la signature *du Roi* en obéissant. L'on ne s'en prend qu'à *la signature du Ministre*, lorsque l'on combat les projets de lois, les ordonnances, les choix des hommes, etc.

Ainsi l'on peut tout examiner sans blesser la Majesté Royale.

———

SUIVANT M. DE CHATEAUBRIAND (Chap. 5),
Application du Principe.

Le Roi étant environné de Ministres responsables, tandis qu'il s'élève au-dessus de toute responsabilité, il est évident qu'il doit les laiser agir eux-mêmes, puisqu'on s'en prendra à eux seuls de l'évènement. S'ils n'étaient que les exécuteurs de la volonté royale, il y aurait injustice à les poursuivre pour des desseins qui ne seraient pas les leurs.

Que fait donc le Roi dans son conseil? Il juge, mais il ne force pas le Ministre.

Si le Ministre obtempère à l'avis du Roi, il est sûr de faire une chose excellente, et qui aura l'assentiment général; s'il s'en écarte, et que pour maintenir sa propre opinion, il argumente de sa responsabilité, le Roi n'insiste plus, le Ministre agit, fait une faute, tombe, et le Roi change son Ministre.

Et, quand bien même le Roi, dans son conseil, eût adopté l'avis du Ministère, si cet avis entraîne une fausse mesure, le Roi n'est encore pour rien dans tout cela; ce sont les Ministres qui ont surpris sa sagesse en lui présentant les choses sous un faux jour, en le trompant par corruption, passion, incapacité. Encore un coup, rien n'est l'ouvrage du Roi que la loi sanctionnée, le bonheur du peuple et la prospérité de la patrie.

J'ai appuyé sur cette doctrine parce qu'elle a été méconnue : on a profité de la passion que la chambre des députés a pour le Roi, afin de donner des scrupules à cette chambre admirable. Les Députés ont été quelque temps à démêler les véritables intérêts du trône, quand on se servait du nom même du Roi pour l'opposer à ces intérêts.

DANS L'AUTRE SYSTÈME.

Des Ministres.

***

Le Roi environné de Ministres responsables, tandis qu'il s'élève au-dessus de toute responsabilité, a égard à cette responsabilité.

Que fait donc le Roi dans son conseil? Il communique ses vues, ses plans, son système de gouvernement.

Il en délibère avec ses Ministres; il écoute leurs objections, leur discussion; et ce n'est qu'ensuite, qu'il se décide et qu'il ordonne.

Si dans cette décision, il reste quelque chose qui inquiète la conscience des Ministres ou leur responsabilité, ils renoncent au Ministère, et le Roi prend d'autres Ministres.

Mais, dans tous les cas, les Ministres chargés de l'exécution, deviennent responsables du fait de la non-exécution, ou de celui d'une exécution mauvaise et de mauvaise foi; ils le sont surtout des actes qui seraient contraires à la constitution et aux lois.

J'ai appuyé sur cette doctrine, parce que la doctrine contraire a malheureusement prévalu; parce qu'on a profité de la passion qu'a le Roi pour le bien de ses peuples, afin de donner des scrupules à ce Monarque admirable; le Roi a pu être quelque temps à peser les véritables intérêts du trône, quand on se servait du nom du peuple pour l'opposer à ces intérêts, *qui sont en même temps ceux de son peuple.*

L'on voit, par ce parallèle, que les deux systèmes diffèrent essentiellement ; que dans l'un, ce seraient les Ministres qui gouverneraient en présence du Roi, et que dans l'autre, c'est réellement le Roi qui gouverne, avec la coopération de ses Ministres, qui lui sont subordonnés.

CHAPITRE XIII.

Résultats déjà prouvés par l'expérience.

L'HISTOIRE de la France, sous la Charte, n'est pas encore bien longue; et déjà cependant l'expérience vient à l'appui de la théorie.

A l'heureuse époque de 1814, la Monarchie française fut reconstituée, et le gouvernement organisé par la combinaison de ce que la sagesse du Roi lui avait inspiré, et de ce qu'il crut devoir aux circonstances. Les Ministres n'annonçaient point de trop hautes prétentions; et les hommes, même les moins disposés en leur faveur, s'empressaient de se rallier à eux, parce que ces Ministres semblaient n'avoir été appelés à leurs fonctions que pour servir le vœu du Roi, pour exécuter ses intentions, qui tendaient évidemment à éteindre toutes les factions et tous les partis : tant que l'on a vu le pouvoir resté ainsi entre les mains du Roi, il n'y a eu qu'un seul parti en France, celui du Roi.

Je n'entrerai point dans les détails de ce qui s'est passé depuis. Mon intention n'est pas de blesser : mais comment ne pas reconnaître pourtant que cette harmonie n'a plus été la même depuis que l'on a paru croire qu'une portion du pouvoir royal était entre les mains des Ministres ?

Combien il est à regretter que M. de Chateaubriand n'ait pas été frappé de ce contraste ; qu'il n'ait pas vu que les inconvéniens dont il se plaint, étaient (avant la publication de son livre) la suite de l'adoption de ses principes !

S'il s'en était aperçu, M. de Chateaubriand (auquel tant de beaux ouvrages donnent le droit de croire que les souverains liront dans tous les temps, ceux où il parle de leurs intérêts), loin d'imposer à nos Rois une réserve absolue par suite de la responsabilité ministérielle, aurait, au contraire, employé toute la force de son talent, pour les prémunir contre cette délicatesse, à laquelle ils ne seraient peut-être que trop enclins, en leur montrant, bien mieux que je n'ai pu le faire, que la responsabilité *des Ministres* n'apporte aucune gêne à l'exercice du pouvoir royal.

CHAPITRE XIV.

Des Ministres d'État.

M. DE CHATEAUBRIAND se plaint de ce que le Conseil privé n'est jamais assemblé.

Mais c'est d'après son propre système, que cela doit arriver ainsi.

Tant qu'un Roi sera persuadé que, ses Ministres étant responsables, il doit les laisser agir d'après eux-mêmes, à quoi lui

servira d'assembler son conseil privé? il y
trouverait, sans doute, des lumières qu'il
daignerait apprécier; et ses Ministres d'É-
tat sentiraient tout le prix d'un pareil suf-
frage; mais cet honneur pour eux serait le
seul résultat d'un pareil conseil. Ce serait
vainement que le Roi y recueillerait quelques objections de plus à faire à ses Ministres agissans; il faudrait qu'elles reculassent
toutes, devant les motifs que ceux-ci fe-
raient sortir de leur responsabilité.

Ainsi, dans une pareille position, la place
de *ministre d'Etat* ne peut être, en réalité,
qu'une indication de ceux en qui le Roi
présume qu'il trouverait des lumières, s'il
avait la faculté d'en faire usage.

Dans le système contraire, le Roi pourra
assembler son conseil privé, isolément; former sa volonté sur les observations qui seront faites dans ce premier conseil; écouter
ensuite celles de ses Ministres responsables,
et y avoir tel égard qu'il jugera à propos:
il pourra réunir des membres du conseil
privé, à ceux du conseil administrant. Dans
tous les cas, les lumières des Ministres d'É-

tat tourneront au profit de la chose publique; et il y aura alors motif suffisant pour appeler, quelquefois tout le conseil privé, et plus souvent une partie de ses membres.

CHAPITRE XV.

Des Princes au Conseil.

M. DE CHATEAUBRIAND se plaint aussi de ce que les Princes ont été éloignés du conseil : et cette mesure a été sans doute le sacrifice le plus pénible pour le cœur du Roi, que le second ministère ait pu lui demander.

Mais cette mesure est encore une conséquence nécessaire du système de M. de Chateaubriand.

Quand un souverain croira sa conscience engagée à penser qu'il serait injuste de rendre ses Ministres responsables de desseins qui ne seraient pas les leurs, il croira devoir par délicatesse, éloigner du Conseil les Princes de sa famille, pour préserver les Ministres d'une influence, qui pourrait, si non compromettre, au moins in-

quiéter leur responsabilité. Il n'appellera
pas ces Princes à un conseil, où il sentira
que, dans cette hypothèse, il ne serait déjà
lui-même qu'un inconvénient pour ses Ministres responsables. Il hésitera souvent,
même à consulter ces Princes hors du Conseil. Enfin, un Roi de France se croira
condamné par la constitution, à vivre isolé
dans sa propre famille.

Mais quand il sera reconnu que la Charte
n'impose à nos Rois aucune gêne dans le
choix des élémens dont il peut leur con-
venir de composer leur volonté, ce qui vient
d'être dit au sujet des membres du conseil
privé se trouvera également applicable aux
Princes de la famille Royale.

Et si alors un souverain est persuadé que
ces Princes qui sont solidaires de toutes les
chances du Trône ne peuvent avoir d'autre
intérêt que le sien, surtout à ces époques
où le sort de la famille entière pourrait
être compromis par une seule faute des
Ministres ;

Si ce Monarque pense que, la nation se
plaisant à confondre les Princes de sa famille

dans l'amour qu'elle porte à sa personne, il devient naturel que ces Princes paraissent coopérer en quelque chose aux mesures qu'il adopte pour le bonheur de la nation;

S'il prévoit que ce serait un moyen d'imposer silence à ces intrigans ambitieux, qui ne manquent jamais de faire envisager, sous chaque règne, l'avènement d'un successeur, comme l'époque d'une révolution complète dans l'État;

Si ce Monarque se propose de former l'éducation politique des Princes appelés à lui succéder, de les façonner lui-même aux institutions qu'il aura établies, au système de gouvernement qu'il aura suivi, pour en assurer ainsi la durée, et faire bénir encore son nom dans les siècles qui suivront son règne;

Enfin, si un Roi se trouve porté, par une considération ou par une autre, à vouloir appeler à son conseil quelque Prince de sa famille, rien ne l'empêchera de suivre, à cet égard, l'inspiration de sa sagesse, ou celle de son cœur.

CONCLUSION.

Lorsque deux puissances, après s'être fait long-temps la guerre, se sont liées par un traité, dans lequel leur prévoyance a combiné les sacrifices qu'il leur convenait de faire de part et d'autre, l'une de ces puissances peut bien ensuite regretter les cessions qu'elle a faites, mais elle ne doit jamais oublier qu'elle en a reçu le prix, qu'elle a obtenu des compensations en échange. Elle ne doit donc pas chercher à envahir ce qu'elle a cédé, même quand elle n'y trouverait pas de résistance ; car l'autre puissance ne manquera pas, tôt ou tard, de vouloir le reprendre, et voudra peut-être envahir à son tour.

Par le traité qui a eu lieu entre la Royauté et la Liberté, le *pouvoir législatif* a été partagé.

Le pouvoir exécutif est resté tout entier au Roi; et *la nation* a obtenu comme garantie, la responsabilité des Ministres.

Aucune disposition de ce traité ne peut être enfreinte, sans mettre les autres en danger.

Notre Charte est un édifice dont toutes les parties se tiennent. Chacun est donc également intéressé à soutenir celle qui paraît menacée dans le moment; et j'ai cru devoir ne pas laisser à ceux qui, par une raison ou par une autre, ne craindraient peut-être pas de voir la Charte s'écrouler toute entière, l'avantage de pouvoir s'appuyer de l'opinion de M. de Chateaubriand.

Si j'avais été frappé d'une erreur qui m'eût paru porter atteinte à la liberté constitutionnelle, je l'aurais combattue avec empressement.

Celle-ci m'a paru destructive du pouvoir royal; j'ai cru devoir la combattre.

Tel est le motif qui m'a dicté cet écrit.

Peut-être ne serait-il pas tout-à-fait inutile, quand il n'aurait d'autre effet que d'appeler l'attention sur un point de notre droit public qu'il est important de constater.

Mais je crois avoir démontré qu'il résulte de la Charte : que notre Gouvernement n'est point une aristocratie de Ministres; qu'il est une *Monarchie constitutionnelle.*

Si ces observations sont lues avec quelque impartialité, elles pourront, j'ose l'espérer, faire sentir aux partisans les plus zélés de la Charte, qu'il importe que le pouvoir royal soit conservé tout entier; aux amis les plus ardens du pouvoir royal, que la Charte n'y porte aucune atteinte; et faire concevoir ainsi à tous, que le pouvoir royal et la Charte doivent constamment s'affermir l'un par l'autre, sous une dynastie si chère aux Français depuis tant de siècles.

Le Mis de Saisseval

TABLE.

TABLE.

FIN DE LA TABLE.

De l'Imprimerie de J.-M. EBERHART, rue du Foin
Saint-Jacques, n° 12.